内蒙古自治区地方标准

内蒙古自治区公路路堑边坡设计规范

Technical Guide for Highway Cut Slope Design in Inner Mongolia

DB 15/T 473—2011

主编单位：内蒙古自治区交通运输厅
　　　　　武汉广益工程咨询有限公司
批准单位：内蒙古自治区质量技术监督局
实施日期：2011年11月1日

人民交通出版社

图书在版编目(CIP)数据

内蒙古自治区公路路堑边坡设计规范 / 内蒙古自治区交通运输厅，武汉广益工程咨询有限公司主编. — 北京：人民交通出版社，2011.10

ISBN 978-7-114-09452-1

Ⅰ.①内… Ⅱ.①内… ②武… Ⅲ.①道路工程－路堑－边坡－设计规范－内蒙古 Ⅳ.①U416.1-65

中国版本图书馆CIP数据核字(2011)第207050号

内蒙古自治区地方标准

内蒙古自治区公路路堑边坡设计规范

DB 15/T 473—2011

内蒙古自治区交通运输厅
武汉广益工程咨询有限公司 主编

人民交通出版社出版发行

(100011 北京市朝阳区安定门外外馆斜街3号)

各地新华书店经销

销售电话:(010)59757969,59757973

北京交通印务实业公司印刷

开本:880×1230 1/16 印张:2.25 字数:45千

2011年10月 第1版

2011年10月 第1次印刷

印数:0001-1500册 定价:16.00元

ISBN 978-7-114-09452-1

前　言

内蒙古自治区处于严寒、干旱地区，其公路路堑边坡设计有其特殊性。为了顺应内蒙古地区气候及地质的特点，确保公路路堑边坡设计的安全性、适用性、经济性及合理性，满足公路建设的需要，在交通部西部交通建设科技项目“严寒干旱地区路堑边坡稳定性评价方法与处治技术研究”的科研成果基础上，编写组经广泛调研并认真听取公路设计、施工及运营维修部门的经验与建议，结合内蒙古地区的地质地貌、水文气候、经济状况和道路条件等综合因素编制了本规范。

由于内蒙古地区气候条件的复杂性和地质分布的变异性，在使用本规范时应结合当地的实际情况，不断总结经验、积累资料，使之日臻完善。

本规范由内蒙古自治区交通运输厅提出。

主 编 单 位：内蒙古自治区交通运输厅
武汉广益工程咨询有限公司
参 编 单 位：内蒙古自治区呼伦贝尔市交通局
天津大学
上海朗琦土木工程技术有限公司
安徽省交通规划设计研究院
内蒙古交通设计研究院有限公司
主要起草人：刘凤林　冯守中　崔　琳　闫澍旺　刘　柱　赵清平
张　广　辛国树　辛长国　杨彩霞　侯仰慕　陈修和
陈为成　李　静　张玉强　刘　润　王　军　辛　强

目　录

1　范围 …… 1
2　规范性引用文件 …… 2
3　术语、符号 …… 3
3.1　术语 …… 3
3.2　符号 …… 4
4　基本规定 …… 6
4.1　路堑边坡的类型 …… 6
4.2　安全等级 …… 6
4.3　设计原则 …… 7
4.4　设计方法 …… 7
4.5　边坡的区域划分 …… 8
4.6　边坡区域分布 …… 8
5　路堑边坡的设计 …… 10
5.1　一般规定 …… 10
5.2　路堑边坡的稳定性评价 …… 12
5.3　严寒区域的路堑边坡 …… 15
5.4　温润季冻区路堑边坡 …… 16
5.5　严寒干旱区路堑边坡 …… 16
5.6　干旱区路堑边坡 …… 19
6　坡面防护设计 …… 20
6.1　一般规定 …… 20
6.2　工程防护 …… 20
6.3　生物防护 …… 21
6.4　综合防护 …… 22
6.5　封面与捶面防护 …… 23
附录 A　岩质边坡的岩体分类(规范性附录) …… 25
附录 B　内蒙古自治区边坡区域划分(规范性附录) …… 27
附录 C　监测内容与项目(资料性附录) …… 29
附录 D　本标准用词说明(规范性附录) …… 30

1　范围

1.1.1　内蒙古地区地域广袤，由东北向西南斜伸，呈狭长形，所处纬度较高，高原面积大，东部严寒，中部既严寒又干旱，西部干旱，因此该地区公路路堑边坡的设计与施工存在许多特殊问题。为了统一内蒙古地区公路路堑边坡的设计技术要求，符合安全适用、技术先进、经济合理、确保质量和保护环境的要求，特制定本规范。

1.1.2　本规范适用于严寒干旱地区新建和改建公路的路堑边坡设计，其他相关地区边坡工程可参考使用。对于软土、湿陷性黄土、膨胀土、其他特殊性岩土和侵蚀性环境的边坡，尚应符合现行有关标准的规定。

2 规范性引用文件

下列文件对于本文件的应用是必不可少的。凡是注日期的引用文件,仅所注日期的版本适用于本文件。凡是不注日期的引用文件,其最新版本(包括所有的修改单)适用于本文件。

《建筑边坡工程技术规范》(GB 50330)

《岩土工程勘察规范》(GB 50021)

《工程岩体试验方法标准》(GB/T 50266)

《工程岩体分级标准》(GB 50218)

《公路路基设计规范》(JTG D30)

《公路工程地质勘察规范》(JTJ 064)

《铁路工程不良地质勘察规程》(TB 10027/J125)

3 术语、符号

3.1 术语

3.1.1 路堑 cutting slope

低于原地面的挖方路基。

3.1.2 路床 roadbed

指路面底面以下 0.8m 范围内的路基部分，分上路床（0 ~ 0.3m）及下路床（0.3 ~ 0.8m）两层。

3.1.3 膨胀土 expansive soil

含亲水性矿物并具有明显的吸水膨胀与失水收缩特性的高塑性黏土。

3.1.4 黄土状土 loessial soil

又称次生黄土，为原生黄土遭侵蚀、搬运后又重新沉积下来的黄土性物质。次生黄土形状似黄土，但所具有的那些特性都不如原生黄土明显。

3.1.5 多年冻土 perennially frozen soil

呈冻结状态，连续多年的温度低于 0 ℃且含冰的土。

3.1.6 滑坡 landslide

斜坡上的岩体或土体在自然或人为因素的影响下沿带或面滑动的现象。

3.1.7 崩塌 rock fall

高陡斜坡上岩体或土体在重力作用下倒塌、倾倒或坠落的现象。

3.1.8 承载能力极限状态 bearing capacity in limit state

是指支挡结构强度破坏、锚固系统失效、边坡失稳状态。

3.1.9 正常使用极限状态 limit state for normal application

是指支护结构和边坡变形量、危及邻近建（构）筑物正常使用、耐久性不能满足结构设计年限要求。

3.1.10 挡土墙 retaining wall

承受土体侧压力的墙式构造物。

3.1.11 抗滑桩 anti-slide pile

抵抗土压力或滑坡下滑力的横向受力桩。

3.1.12 土钉 soil nailing

在土质或破碎软弱岩质边坡中设置钢筋钉,维持边坡稳定的支护结构。

3.1.13 预应力锚杆(索) prestressed anchor

由锚头、预应力筋、锚固体组成,通过对预应力筋施加张拉力以加固岩土体使其达到稳定状态的支护结构。

3.2 符号

3.2.1 作用和作用效应

S_{Gk}——按永久作用标准值 G_k 计算的作用效应值;

S_{Qik}——按可变作用标准值 Q_{ik} 计算的作用效应值;

W_i——第 i 块土条重力;

Q_i——第 i 块土条垂直方向外力;

M_{Ri}——对应于冻融面的边坡抗滑力矩;

M_{Ti}——对应于冻融面的边坡下滑力矩;

ψ——考虑冻融作用时土质边坡滑动面上安全系数计算经验系数,根据试验数据取值,当无试验数据时可取 0.87 ~ 0.95,土体抗冻性强时取大值;

K_s——边坡稳定的安全系数的最小值;

$R_{\alpha i}$——对应于 α_i 角的边坡抗滑力;

$T_{\alpha i}$——对应于 α_i 角的边坡下滑力;

ϕ——考虑冻融作用时岩质边坡计算经验系数,根据试验数据取值,当无试验数据时可取 0.89 ~ 0.95,当岩石中裂隙较发育时取小值。

3.2.2 材料性能和抗力

c_{di}、φ_{di}——第 i 块土条滑弧所在地基土层的黏结力和内摩擦角;

γ——岩土体的重度(kN/m^3);

c——结构面的黏聚力(kPa);

γ_w——水的重度(kN/m^3);

R_h——抗冻试验前的岩石抗压强度;

R_q——抗冻试验后的抗压强度；
R_s——岩石饱水状态的抗压强度；
R_g——岩石风干时的抗压强度。

3.2.3 几何参数

α_i——第 i 块土条底滑面的倾角；
b_i——第 i 块土条宽度；
ϕ——结构面的内摩擦角(°)；
A——结构面的面积(m^2)；
V——岩体的体积(m^3)；
θ——结构面的倾角(°)；
V_i——第 i 个计算条块单位宽度岩土体的水下体积(m^3/m)；
α_i——滑动面与水平线的夹角。

4 基本规定

4.1 路堑边坡的类型

4.1.1 路堑边坡分为土质边坡和岩质边坡。

4.1.2 边坡按高度分为一般路堑边坡和深挖路堑高边坡:

(1)土质路堑边坡高度不大于20m、岩石挖方边坡高度不大于30m视为一般路堑边坡;

(2)土质路堑边坡高度大于20m、岩石挖方边坡高度大于30m视为深挖路堑高边坡。

4.1.3 确定岩质边坡的岩体类型应考虑主要结构面与坡向的关系、结构面倾角大小和岩体完整程度等因素,并符合附录A的规定。

4.1.4 确定岩质边坡的岩体类型时,由坚硬程度不同的岩石互层组成且每层厚度小于5m的岩质边坡宜视为由相对软弱岩石组成的边坡。当边坡岩体由两层以上单层大于5m的岩体组合时,可分段确定边坡类型。

4.2 安全等级

4.2.1 边坡工程应按其损坏后可能造成的破坏后果(危及人的生命、造成经济损失、产生社会不良影响)的严重性、边坡类型和坡高等因素,根据表4.2.1确定安全等级。

表4.2.1 边坡工程安全等级

边坡类型		边坡高度(m)	公路等级	安全等级
岩质边坡	岩体类型为Ⅰ或Ⅱ	$H \geqslant 30$	高速公路	一级
			一、二级公路	二级
			三、四级公路	三级
		$H<30$	高速公路、一级公路	二级
			一级公路以下等级路	三级
	岩体类型为Ⅲ或Ⅳ	$H \geqslant 30$	高速公路	一级
			一、二级公路	二级
			三、四级公路	三级

续上表

边坡类型		边坡高度(m)	公路等级	安全等级
岩质边坡	岩体类型为Ⅲ或Ⅳ	15 < H < 30	高速公路	一级
			一、二级公路	二级
			三、四级公路	三级
		H≤15	高速公路	一级
			一、二级公路	二级
			三、四级公路	三级
土质边坡		H≥20	高速公路	一级
			一、二级公路	二级
			三、四级公路	三级
		H < 20	高速公路	一级
			一、二级公路	二级
			三、四级公路	三级

4.3 设计原则

4.3.1 路堑边坡设计应遵循安全性、适用性、经济性和耐久性的原则。

4.3.2 路堑边坡设计应做好工程地质勘察工作，查明水文地质和工程地质条件，获取设计所需要的岩土物理力学参数。

4.3.3 公路路堑边坡设计应结合自然地理、工程水文地质及环境条件，从边坡稳定、排水、防护以及环境绿化技术等方面进行综合设计。

4.3.4 路堑边坡工程设计提倡采用成熟的新技术、新结构、新材料和新工艺。

4.3.5 路堑边坡应结合边坡的工程区域条件进行稳定性评价和防护设计。

4.4 设计方法

4.4.1 工程地质比拟法，从自然稳定坡的调查中寻找可供比拟的坡形、坡率和坡高。

4.4.2 经验对比法，以类似地质条件下稳定的人工边坡作参考设计新的边坡。

4.4.3 力学计算法：

(1)边坡稳定计算宜采用简化 Bishop 法，任意形状的滑面也可采用不平衡推力法进行计算。

(2)边坡工程设计中必须进行支护结构强度计算,包括锚杆抗力,立柱、挡板、挡墙及其基础的抗压、抗弯、抗剪和局部抗压承载力均应满足要求。

(3)在锚杆挡墙设计中,必须进行锚杆抗拔承载力和立柱与挡墙基础的地基承载力验算。

(4)当边坡位于滑坡地段或边坡的滑坍可能影响周围的建筑物时,应对边坡工程进行支护结构整体或局部稳定性验算。

(5)如果对边坡变形有较高的要求时,应对边坡变形进行分析,并根据分析结果采取有效的措施控制变形量,使之满足规定要求。

4.4.4 路堑边坡设计包括坡形坡率设计、防护工程设计和排水系统设计。

(1)对于路堑挖方高边坡,一般采用台阶状坡形,台阶高度8~10m,台阶(卸荷平台)宽度不宜小于2m;对岩层顺倾地段的高边坡,当岩层倾角大于40°时,可采用顺层面刷方,但当倾角较缓时,不宜顺层刷方,应采取防护工程设计。

(2)对计算评价不稳定和欠稳定的边坡必须设置一定的防护加固工程措施,常用的如挡土墙、抗滑桩、预应力锚索抗滑桩、预应力锚索框架、锚杆框架等,可根据边坡的具体情况单独或组合使用。

(3)边坡坡顶、坡面、坡脚和边坡中部平台应设置地表排水系统;当边坡有积水湿地、地下水渗出或地下水露头时,应根据实际情况设置地下水渗沟、边坡渗沟或仰斜式排水孔,或在上游沿垂直地下水流向设置拦截地下水的排导设施。

4.5 边坡的区域划分

除地质因素外,为区分不同区域自然地理条件对公路路堑边坡设计影响的差异性,将内蒙古地区边坡按区域分为严寒区边坡(Ⅰ区)、温润季冻区边坡(Ⅱ区)、严寒干旱区边坡(Ⅲ区)和干旱区边坡(Ⅳ区),根据附录B中附图B-1内蒙古自治区边坡分区图选定,其分布特征见附表B-1内蒙古自治区边坡分区特征表。

4.6 边坡区域分布

4.6.1 严寒区边坡(Ⅰ区)范围包括呼伦贝尔市东北大部、兴安盟北端,分为两个亚区。

I-1区:连续多年冻土区,范围包括呼伦贝尔市的北部山区一带;

I-2区:岛状多年冻土区,范围包括呼伦贝尔市大兴安岭低山丘陵一带。

4.6.2 温润季冻区边坡(II区)范围包括呼伦贝尔市东南端、兴安盟大部、通辽市、赤峰市大部,分为两个亚区。

II-1 区：沙地沙化区，位于突泉至布敦化段、通辽市科尔沁沙地一带；

II-2 区：低山丘陵区，位于兴安盟东南端、通辽市大部、赤峰市大部。

4.6.3 严寒干旱区边坡（III 区）范围包括呼伦贝尔市西端部、锡林郭勒盟、乌兰察布市、包头市、呼和浩特市、鄂尔多斯市、巴彦淖尔市大部，分为四个亚区。

III-1 区：河套平原区，位于巴彦淖尔市南部、鄂尔多斯市北部黄河沿岸一带；

III-2 区：黄土高原区，位于鄂尔多斯市、呼和浩特市南部一带；

III-3 区：低山丘陵区，位于阴山山系地区—巴彦淖尔盟中部山区、包头地区、呼和浩特大青山山区、乌兰察布市山区；

III-4 区：蒙古高原区，位于巴彦淖尔市北部、包头市北部、乌兰察布市北部、锡林郭勒盟、呼伦贝尔市西端。

4.6.4 干旱区边坡（Ⅳ区）范围包括阿拉善盟全区、巴彦淖尔市西端。

5 路堑边坡的设计

5.1 一般规定

5.1.1 对于土质路堑边坡高度超过 20m、岩石路堑边坡高度超过 30m,以及不良地质、特殊岩土地段的挖方边坡,应进行个别勘察设计。

5.1.2 公路工程地质勘察应按照调查测绘、勘探测试和编制工程地质报告的程序进行,各勘察阶段的工作内容和工作深度应与路堑边坡的设计阶段相适应,具体可分为初步工程地质勘察和详细工程地质勘察两个阶段,勘察方法按《公路工程地质勘察规范》(JTJ 064)执行。

5.1.3 由于内蒙古地区气候的原因,详细地质勘察应根据当地的实际情况,选择在冰雪融冻后的季节作业。

5.1.4 边坡工程勘探并应查明下列内容:

(1)地形地貌特征;

(2)岩土体类型、成因、性状、风化程度、完整程度、分层厚度;

(3)岩土体天然和饱水状态下的物理力学性能(如重度 γ,强度参数 c、φ 等);

(4)主要结构面(特别是软弱结构面)特征、组合关系、力学属性、与临空面关系;

(5)气象、水文和水文地质条件;

(6)不良地质现象的范围、性质和分布规律;

(7)坡顶邻近建筑物的荷载、结构、基础形式、埋深及稳定状态。

5.1.5 边坡岩土体力学参数

(1)岩体抗剪强度指标宜根据现场原位试验确定。试验应符合现行国家标准《工程岩体试验方法标准》(GB/T 50266)的规定。当无条件进行试验时,可采用《工程岩体分级标准》(GB 50218)及表 5.1.5-1 和反算分析等方法综合确定。

(2)岩体结构面的结合程度可按表 5.1.5-2 确定。

(3)边坡岩体性能指标标准值可按地区经验值确定。对于重要边坡应通过试验确定。

表 5.1.5-1　结构面抗剪强度指标标准值

结构面类型		结构面结合程度	内摩擦角 φ（°）	黏聚力 c（MPa）
硬性结构面	1	结合好	>35	>0.13
	2	结合一般	35～27	0.13～0.09
	3	结合差	27～18	0.09～0.05
软弱结构面	4	结合很差	18～12	0.05～0.02
	5	结合极差（泥化层）	根据地区经验确定	

注：1. 表中数值已考虑结构面的时间效应；
2. 极软岩、软岩取表中低值；
3. 岩体结构面连通性差取表中的高值；
4. 岩体结构面浸水时取表中的低值。

表 5.1.5-2　结构面的结合程度

结合程度	结构面特征
结合好	张开度小于 1mm，胶结良好，无充填；张开度 1～3mm，硅质或铁质胶结
结合一般	张开度 1～3mm，钙质胶结；张开度大于 3mm，表面粗糙，钙质胶结
结合差	张开度 1～3mm，表面平直，无胶结；张开度大于 3mm，岩屑充填或岩屑夹泥质充填
结合很差、结合极差（泥化层）	表面平直光滑，无胶结；泥质充填或泥夹岩屑充填，充填物厚度大于起伏差；分布连续的泥化夹层；未胶结的或强风化的小型断层破碎带

（4）岩体内摩擦角可由岩块内摩擦角标准值按岩体裂隙发育程度乘以表 5.1.5-3 所列的折减系数确定。

表 5.1.5-3　边坡岩体内摩擦角折减系数

边坡岩体特性	内摩擦角的折减系数	边坡岩体特性	内摩擦角的折减系数
裂隙不发育	0.90～0.95	裂隙发育	0.80～0.85
裂隙较发育	0.85～0.90	碎裂结构	0.75～0.80

（5）土体力学参数宜采用原位剪切试验、原状土样室内剪切试验及反算分析等方法综合确定。

（6）土质边坡按水土合算原则计算时，地下水位以下的土宜采用三轴试验土的自重固结不排水抗剪强度指标；按水土分算原则计算时，地下水位以下的土宜采用土的有效抗剪强度指标。

5.1.6　内蒙古地区路堑边坡稳定性计算应考虑冻融冻胀的影响。

5.1.7　内蒙古地区路堑边坡的稳定性安全系数规定见表 5.1.7。

表 5.1.7 公路边坡的稳定性安全系数

边坡安全等级	安全系数	分析方法
一级边坡	1.30	简化 Bishop 法(圆弧或任意形状滑面) 不平衡推力法(任意形状滑面)
二级边坡	1.20	
三级边坡	1.10	

5.1.8 边坡防护设计应根据边坡地质和环境条件、边坡高度及公路等级,采取工程防护与植物防护的综合措施,稳定性差的边坡应设置综合支挡工程,并采用分层开挖、分层稳定和坡脚预加固技术。

5.1.9 应设置完善的边坡地表和地下排水系统,及时引排地面水和地下水。

5.1.10 高速公路、一级公路的路堑高边坡路段宜采用施工监测、信息化动态设计方法,监测项目与内容见附录 C。

5.2 路堑边坡的稳定性评价

5.2.1 在进行边坡稳定性计算之前,应根据边坡水文地质、工程地质、岩体结构特征以及已经出现的变形破坏迹象,对边坡的可能变形破坏形式和边坡稳定性状态作出定性判断,确定边坡破坏的边界范围、边坡破坏的地质模型,对边坡破坏趋势作出判断。

5.2.2 边坡稳定性方法可分为三大类:定量分析方法、定性分析方法和非确定性分析方法。

5.2.3 边坡稳定量分析方法宜综合采用工程地质类比法、图解分析法、极限平衡法和数值分析法进行。边坡稳定性计算方法应考虑边坡可能存在的破坏形式,按下列方法确定:

(1)土质边坡和规模较大的碎裂结构岩质边坡通常产生圆弧滑动,宜采用简化 Bishop 法计算。

(2)可能产生直线形破坏的边坡宜采用平面滑动面解析法进行计算。

(3)对于不规则任意形状滑裂面的边坡宜采用 Morgenstern Price 法进行计算。

(4)受结构面或地层层面控制的岩质边坡可能产生折线形破坏,宜采用不平衡推力法计算。

(5)当边坡破坏机制复杂时,宜结合数值分析法进行分析。圆弧滑动边坡有多个可能的滑动面,应通过搜索寻优过程找出安全系数最小的、最危险的滑动面进行分析。对受结构面控制可能存在多个滑动面的边坡,应分别对各种可能的滑动面组合进行稳定性计算分析,并取最小稳定性系数作为边坡稳定性系数。对多级滑动面的边坡,应分别对各级滑动面进行稳定性计算分析。

(6)内蒙古的工程地质分区中的严寒区、温润季冻区及严寒干旱区域中的路堑边坡，在进行稳定性计算的应考虑冻融冻胀影响因素，具体以式(5.2.6)、式(5.2.7)确定最小安全系数。

5.2.4 定性分析方法常采用工程地质类比法、自然(成因)历史分析法和图解分析法。

(1)工程地质类比法：通过对比分析新建路堑边坡与已经研究过的或已有经验的自然或人工边坡在工程地质条件、影响边坡稳定性的各种因素及加固措施等方面的相似性和差异性来评价拟建边坡的稳定性或确定其坡率。边坡及其邻近地段滑坡、崩塌等不良地质现象有以下几种：

①岩质边坡中的泥岩、页岩等易风化、软化岩层或软硬交互的不利岩层组合。

②土质边坡中网状裂隙发育，有软弱夹层，或边坡体由膨胀岩土组成。

③软弱结构面与坡面倾向一致或交角小于45°且结构面倾角小于坡角，或基岩面倾向坡外且倾角较大。

④地层渗透性差异大，地下水在弱透水层或基岩面上积聚流动，断层及裂隙中有承压水出露。

⑤边坡上有渗水，水流冲刷坡脚或因水位急剧升降引起岸坡内动水压力的强烈作用。

⑥边坡处于强震区或邻近地段采用大爆破施工。

(2)自然(成因)历史分析法：通过研究斜坡形成的地质历史和所处的自然地质环境、斜坡外形、地质结构、变形破坏形迹及影响因素，运用斜坡变形、破坏的基本规律，追溯斜坡演变的全过程，对斜坡稳定性发展的总趋势、演变阶段、区域性特征、稳定性状态作出评价。

(3)图解分析法：将结构面调查统计结果绘成等密度图，得出结构面的优势方位，根据优势方位结构面的产状和坡面投影关系分析边坡的稳定性。图解分析法所得出的潜在不稳定边坡应通过计算验证。

5.2.5 非确定性分析方法一般采用模糊综合评价法和人工神经网络分析法。

(1)模糊综合评价法：模糊综合评价是应用模糊变换原理和最大隶属度原则，综合考虑被评事物或其属性的相关因素，进而进行等级或类别评价。这一方法主要应用于大型边坡的整体稳定性评价。

(2)人工神经网络分析法：由大量简单神经元经广泛互连构成的一种计算结构，是一种广义的并行处理系统。利用神经网络，可以尽可能多地将各种影响因素作为输入变量，建立这些定性或定量影响因素同边坡安全系数与变形量之间的高度非线性映射模型，然后利用模型来评价边坡的安全性。

5.2.6 对于土质或碎裂结构的岩质边坡，其滑动面形状近似圆弧，见图5.2.6。严寒地区在浅层边坡稳定性计算中应考虑冻融作用的影响。边坡稳定安全系数按式(5.2.6)确定。

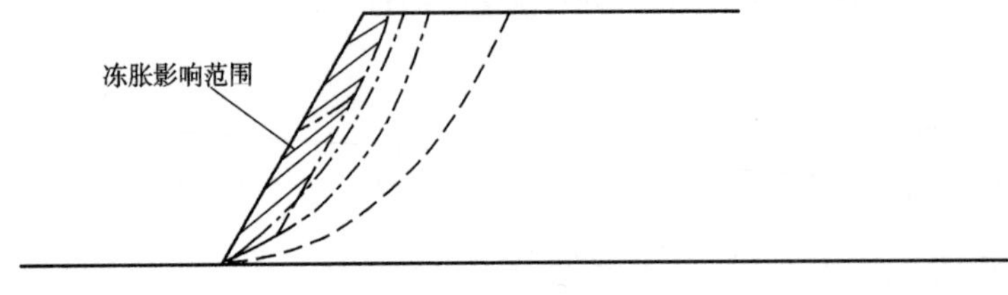

图5.2.6

$$K_s=\psi\cdot \mathrm{Min}\left(\frac{\sum M_{Ri}}{\sum M_{Ti}}\right) \tag{5.2.6}$$

式中：M_{Ri}——对应于冻融面的边坡抗滑力矩；

M_{Ti}——对应于冻融面的边坡下滑力矩；

ψ——考虑冻融作用时土质边坡滑动面上安全系数计算经验系数，根据试验数据取值，当无试验数据时可取0.85~0.95，土体抗冻性强时取大值；

$\mathrm{Min}\left(\frac{\sum M_{Ri}}{\sum M_{Ti}}\right)$——按简化 Bishop 法计算各滑动面边坡稳定安全系数的最小值；

K_s——考虑冻融影响后边坡稳定安全系数。

5.2.7 岩体完整性较好的岩质边坡，其破坏形式以直线形滑动为主，见图5.2.7。浅层边坡稳定性计算中应考虑冻融作用的影响。边坡稳定安全系数按式(5.2.7)确定。

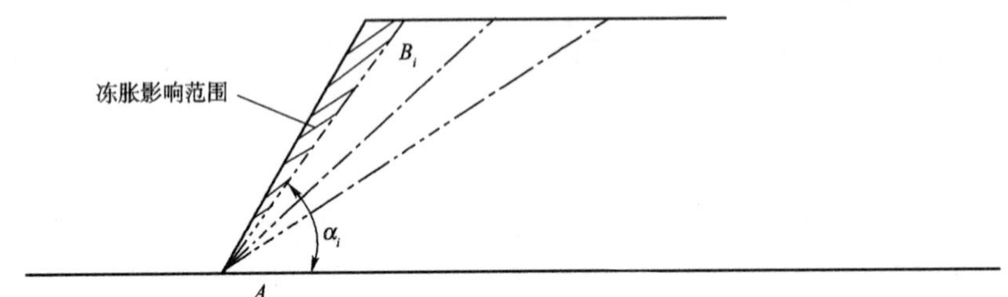

图5.2.7

$$K_s=\phi\cdot \mathrm{Min}\left(\frac{\sum R_{\alpha i}}{\sum T_{\alpha i}}\right) \tag{5.2.7}$$

式中：$R_{\alpha i}$——对应于 α_i 角的边坡抗滑力；

$T_{\alpha i}$——对应于 α_i 角的边坡下滑力；

ϕ——考虑冻融作用时岩质边坡计算经验系数，根据试验数据取值，当无试验数据时可取0.88~0.95，当岩石中裂隙较发育时取小值；

α_i——滑动面与水平线的夹角；

$\mathrm{Min}\left(\frac{\sum R_{\alpha i}}{\sum T_{\alpha i}}\right)$——直线形滑面计算各滑动面边坡稳定安全系数的最小值；

K_s——考虑冻融影响后边坡稳定安全系数。

5.3 严寒区域的路堑边坡

5.3.1 严寒地区路堑边坡应考虑雨季雨水浸润滑塌和冬雪春融浸润的冻胀破坏，严寒地区的边坡宜采用放缓坡率的方法增加稳定性。

5.3.2 严寒地区路堑边坡的设计坡率土质边坡宜取1∶1.2～1∶1.25；岩质边坡坡率控制为：Ⅱ类岩体边坡的坡率宜取1∶0.5～1∶0.8，Ⅲ类岩体边坡的坡率宜取1∶0.8～1∶1，Ⅳ类岩体边坡的坡率宜取1∶1～1∶1.2。

5.3.3 严寒地区的高边坡分台阶时，平台宽度应大于冻深1.5倍以上，且外坡坡度不宜小于5%，并宜对台阶平台面进行固化封闭。

5.3.4 对岛状冻土地段的路堑边坡基底根据冻土层的分布、坡面朝向、地温情况及填料的来源采用全部或部分换填处理，换填厚度应通过计算确定，边坡坡率不宜陡于1∶1.75。

5.3.5 对高含冰量冻土路堑地段修建排水沟、截水沟时，应充分考虑冻土及冰层的埋藏深度，采用宽浅的断面形式，断面尺寸按计算确定。富含冻土、饱冰冻土地段，排水沟、截水沟、挡水埝内侧边缘至保温护道坡脚或堑顶的距离不得小于5m，含土冰层地段不得小于10m。路堑边坡有地下水出露时，必须将水引排，并应在边坡上采取合适的保温措施。

5.3.6 对风吹雪路段应避免采用深路堑，宜敞开路基或以半填半挖的横断面形式通过。对雪害严重地段宜适当加宽路基，并设积雪平台。

5.3.7 风吹雪路段路堑边坡坡率宜缓于1∶4，并设置积雪平台，其横坡同路拱坡度。对无条件放缓边坡的路段，应加大积雪平台宽度。必要时，可在挖方路堑内采用路堤断面形式或设置储雪场。

5.3.8 严寒地区路堑边坡设计中应避免采用全封闭砌体防护设计方案，当必须采用全封闭砌体防护设计方案时，应将路堑坡脚处的排水沟加深至路床表面以下50cm。为保证行车安全和路基的稳定，当排水沟总体深度超过50cm时，可将沟体下部做成碎石或卵砾石盲沟形式。

5.4 温润季冻区路堑边坡

5.4.1 温润季冻区岩质及土质路堑边坡的坡率设计依照5.3.2确定。

5.4.2 温润季冻区的沙化地区应注意路堑边坡被风蚀、沙埋和雨水冲刷的破坏现象,沙化边坡不宜采用分台阶的边坡设计形式。

5.4.3 温润季冻区的沙化路堑边坡,在距离边坡100~200m范围内应设计植物沙障防风。

5.4.4 温润季冻区的沙化路堑边坡应采用种植植物防护或粒径碎石(卵石)覆盖坡面防护。

5.4.5 温润季冻区的土质及岩质路堑边坡宜采用植物防护,避免采用全封闭砌体防护设计方案,当必须采用全封闭砌体防护设计方案时,宜将路堑坡脚处的排水沟加深至路床表面以下20cm,当排水沟总体深度超过50cm时,可将沟体下部做成碎石或卵砾石盲沟形式。

5.4.6 温润季冻区的土质和岩质路堑边坡宜采用直接种植或客土喷播草灌植物防护坡面,达到美化环境和减少雨水对坡面冲刷的目的。

5.4.7 沙地沙化区路堑边坡设计尚应符合第5.5.5条、第5.6.3条的规定。

5.5 严寒干旱区路堑边坡

5.5.1 内蒙古严寒干旱区地域较广,边坡岩性变化较大,该区域土质边坡中包括砂性土、黏性土、碎石土、黄土及次生黄土、风积沙和膨胀土;岩质边坡包括砂页岩、一般沉积岩和岩浆岩、变质岩、红砂岩及泥岩。该区域边坡的稳定性设计可不考虑冻胀因素的影响。

5.5.2 该区域土质路堑边坡的坡率见表5.5.2-1,黄土路堑边坡坡率见表5.5.2-2。黄土路堑边坡宜采用台阶形,平台宽度宜为2.0~2.5m。

表5.5.2-1 内蒙古地区土质路堑边坡坡率

土的类别		边坡坡率
黏土、粉质黏土、塑性指数大于3的粉土		1:1
中密以上的中砂、粗砂、砾砂		1:1.5
卵石土、碎石土、圆砾土、角砾土	胶结和密实	1:0.75
	中密	1:1

表 5.5.2-2 内蒙古地区黄土路堑边坡坡率

分 类		边坡高度(m)			
		≤6	6~12	12~20	20~30
新黄土 Q_3、Q_4	坡积	1:0.5	1:0.5~1:0.75	1:0.75~1:1.0	—
	洪积	1:0.2~1:0.3	1:0.3~1:0.5	1:0.5~1:0.75	1:0.75~1:1.0
新黄土 Q_3		1:0.3~1:0.5	1:0.4~1:0.6	1:0.6~1:0.75	1:0.75~1:1.0
老黄土 Q_2		1:0.1~1:0.3	1:0.2~1:0.4	1:0.3~1:0.5	1:0.5~1:0.75

5.5.3 膨胀土路堑边坡设计应遵循“缓坡率、宽平台、固坡脚”的原则,其边坡坡率及平台宽度可按表 5.5.3 设计。

表 5.5.3 膨胀土边坡坡率和平台宽度

膨胀土类别	边坡高度(m)	边坡坡率	边坡平台宽度(m)	碎落台宽度(m)
弱膨胀土	<6	1:1.5	—	1.0
	6~10	1:1.5~1:2.0	1.5~2.0	1.5~2.0
中等膨胀土	<6	1:1.5~1:1.75		1.0~2.0
	6~10	1:1.75~1:2.0	2.0	2.0
强膨胀土	<6	1:1.75~1:2.0		2.0

5.5.4 岩石边坡当坡高不大于 30m 时,无外倾软弱结构面的边坡按附录 A 确定岩体类型,边坡坡率可按表 5.5.4 确定;有外倾软弱结构面的岩质边坡、坡顶边缘附近有较大荷载的边坡、高度超 30m 的边坡,可按 5.2.3 规定进行稳定性分析。

表 5.5.4 岩质路堑边坡坡率

边坡岩体类型	风化程度	边坡坡率	
		$H<15\text{m}$	$15\text{m}\leq H<30\text{m}$
Ⅰ类	未风化、微风化	1:0.1~1:0.3	1:0.1~1:0.3
	弱风化	1:0.1~1:0.3	1:0.3~1:0.5
Ⅱ类	未风化、微风化	1:0.1~1:0.3	1:0.3~1:0.5
	弱风化	1:0.3~1:0.5	1:0.5~1:0.75
Ⅲ类	未风化、微风化	1:0.3~1:0.5	
	弱风化	1:0.5~1:0.75	
Ⅳ类	弱风化	1:0.5~1:1	
	强风化	1:0.75~1:1	

5.5.5 风积沙地区的路堑边坡坡率宜缓于 1:3,为防止风积沙边坡的不稳定现象,宜在边坡上采用沙障、棕网固沙或砂砾石封面等防护措施。

5.5.6 对土质深路堑边坡,宜在最下台阶的坡脚处设置不超过2m高的圬工或加筋土挡土墙以保障边坡的稳定性;为减少雨季雨水对土质边坡的冲刷破坏,宜采取三维植被护坡、土工格室或挂网喷播种植草灌木。

5.5.7 对于深挖路堑,泥岩和红砂岩分级边坡中的下级台阶宜采取工程防护措施,工程防护时坡率宜取为1∶0.5～1∶0.75。工程防护可采取全封闭或锚杆钢筋混凝土框架梁坡面防护,钢筋混凝土框架梁内填放土工格室或喷射厚层基材植被护坡(TSB植被护坡绿化)。

5.5.8 对于风沙地区路堑边坡宜采取扦插种植沙柳等当地易活灌木组成植物沙障,并于沙障内种植易活草木。

5.5.9 风沙地区的路侧防沙工程:

(1)防沙工程应根据公路等级采取固、阻、输、导等工程或生物措施,总体布置形成完善的综合防护系统。其设置范围和部位应根据风沙活动特征、风况、输沙量、地形、防护材料性质、当地气象、土壤地质、自然生态环境及公路使用要求确定。

(2)应优先选用灌、草等植物固沙,固沙植物应选用根系发达、耐旱、固沙能力强,适应当地生长条件的植物品种,固沙带宽度可参照工程固沙宽度适当减小。

(3)在路基迎风侧,可采用乔、灌结合的植物沙障,低立式沙障距离路基应大于20m,高立式沙障应大于50m。

(4)在沙源极为丰富的风沙地区,应在路基迎风侧100m以外设置墙式、堤式、栅式、带式或植物等类型的阻沙障,以拦截风沙和限制积沙移动。

(5)在平坦的流动沙地和风沙流地区以及路线与主导风向交角为45°～90°的流动沙丘地段,可采取必要的输沙措施,如设置浅槽、聚风板等,以使流沙顺利越过路基而不产生堆积。

(6)路线与主导风向交角为25°～30°时,可采取改变风沙流或沙丘运动方向的导流方法,宜在路基迎风侧50～100m以外设置导沙墙、导沙板等措施。有条件时可种植乔、灌结合的植物,形成导沙屏障。

(7)在流沙危害严重的路段,路基两侧20～30m范围内的地面应保持平顺,地上的突起物均应铲除,并予整平,形成平整带。

(8)综合植物防护系统的设置应与当地治沙规划相结合。当采用防护林带时宜采用种草、灌木和乔木相结合,先期树种和后期树种相结合,以及乡土树种和引进树种相结合的原则进行栽植。设置宽度应根据沙源、风沙流活动强度和沙丘移动特征等因素确定,迎风侧不宜小于200m,背风侧如为单向风时可不设,如有反向风时,则应设置宽度不小于50m的防护带。

(9)有条件时应在两侧防护林带之外,根据风沙严重程度设置植被保护带。植被保护带宽度一般在路基的迎风侧不应小于300m,在路基的背风侧不应小于100m。

(10)采用植物防沙措施时,应结合当地植物立地条件,选择适宜的植物种类,确定合适的植物结构和种植方式,同时建立完善的灌溉措施和管理组织。

5.5.10 对于该区域内的砂页岩、沉积岩和变质岩边坡宜采用光面爆破技术施工,一般坡面可不防护,对于风化严重的岩体坡面可采取浆砌石护面、喷射混凝土封闭防护或采用TSB植被护坡绿化技术进行坡面防护。

5.6 干旱区路堑边坡

5.6.1 内蒙古干旱地区岩性以第三系砂岩、花岗岩、砂砾岩和泥岩为主,土质受地貌及气候条件影响,具有明显的地带性分布特征,大部分为砂砾土和粉土质砾石,同时拥有广袤的荒漠风积沙。

5.6.2 干旱区土质边坡可直接在坡面种植当地耐旱植物或采用土工格室等材料固结坡面;岩质边坡可采用光面爆破技术开挖后直接裸露,对于高边坡的泥岩和红砂岩底层台阶边坡宜采取浆砌石护面、喷射混凝土封闭防护或锚杆钢筋混凝土框架梁坡面防护措施;对于节理发育较严重的岩质边坡宜采用3～5m短锚杆垂直岩面进行锚固防护。

5.6.3 风沙地区路堑:

(1)路基应避免采用长度大于30m和深度大于6m的路堑。无法避免时,应敞开路基,增加积沙台宽度。

(2)宜采用敞开式、缓边坡路基横断面,挖方边坡坡率应根据挖方深度、风力、风向、路侧地形及防护措施确定;深路堑边坡坡脚应设置积沙平台,以便于养护;对于微湿和半干旱沙地地区的高速公路和一级公路,路堑边坡坡率宜缓于1:3。

(3)路线与主导风向正交时,应使路堑顶宽与路堑深度的比值接近20～30,二级及二级以下公路可适当降低,但不得低于12。

(4)挖方弃土宜用于填方路基,多余弃土应置于背风一侧的低洼处,距离路堑坡顶不应小于10m,必要时应采取防护措施。

(5)应根据公路等级及筑路材料,在路肩、边坡坡面和坡顶外20～30m范围进行防护。

(6)在无条件栽种植物的干旱沙漠地区,可利用当地材料、土工格室等材料进行固沙,并可用柴草类材料在路基迎风侧设置立式沙障固沙,也可采用化学生物固沙法(CBFS)对沙漠路堑边坡进行防护。

6 坡面防护设计

6.1 一般规定

6.1.1 内蒙古地区处于严寒、干旱地区,各级公路路堑坡面应根据当地气候、水文、地形、地质条件及筑路材料分布情况,采取工程防护和植物防护相结合的综合措施,防治路堑坡面病害,保证边坡稳定,并与周围环境景观相协调。

6.1.2 路堑坡面防护工程应在稳定的边坡上设置,防护类型的选择应综合考虑工程地质、水文地质、边坡高度、环境条件、施工条件和工期等因素的影响,对于稳定性不足和存在不良地质因素的路堑边坡,应进行支挡加固等综合设计。

6.1.3 路堑边坡施工过程中应注意采用边开挖边防护的方式,杜绝全部裸挖边坡后再行防护的做法,边坡防护时宜将临时防护工程与永久防护工程相结合。

6.1.4 边坡防护形式主要分为工程防护、生物防护和工程生物防护相结合三大类。

6.1.5 严寒地区的路堑边坡不宜采用圬工砌体封闭的防护方式。

6.2 工程防护

6.2.1 圬工砌体封闭防护。当边坡坡度较陡、坡面土体松散、自稳性差时,可采用圬工砌体封闭防护。

(1)干砌片石护坡适用于坡度缓于1:1.25的岩石和土质路堑边坡。干砌片石护坡厚度不宜小于250mm。

(2)浆砌片(卵)石护坡适用于坡度缓于1:1的易风化的岩石和土质路堑边坡。浆砌片(卵)石护坡的厚度不宜小于250mm,砂浆强度不应低于M5,护坡应设置伸缩缝和泄水孔。

(3)在石料缺乏的地区可采用水泥混凝土预制块进行路基边坡防护。预制块混凝土的强度不应低于C15,在严寒地区不应低于C20。

(4)铺砌层下应设置碎石或砂砾石垫层,厚度不宜小于100mm。

6.2.2 采用护面墙进行坡面防护。这种防护形式适用于易风化或风化严重的软质岩石或较破碎岩石的挖方边坡以及坡面易受侵蚀的土质边坡，边坡不宜陡于1:0.5。护面墙类型应根据边坡地质条件确定。

(1)窗孔式护面墙防护的边坡不应陡于1:0.75。

(2)拱式护面墙适用于边坡下部岩层较完整而上部需防护的路段，边坡应缓于1:0.5。

(3)单级护面墙的高度不宜超过10m，并应设置伸缩缝和泄水孔。

(4)护面墙基础应设置在稳定的地基上，埋置深度应根据地质条件确定，冰冻地区应埋置在冰冻深度以下不小于250mm。护面墙前趾应低于边沟铺砌的底面。

6.2.3 喷射素混凝土防护。适用于坡率缓于1:0.5、易风化但未遭强风化的岩石边坡。

(1)喷浆防护厚度不宜小于50mm，采用的砂浆强度不应低于M10。

(2)喷射混凝土防护厚度不宜小于80mm，混凝土强度不应低于C15。

(3)喷护坡面应设置泄水孔和伸缩缝。

6.2.4 挂网锚喷防护。适用于坡面为碎裂结构的硬质岩石或层状结构的不连续地层以及坡面岩石与基岩分开并有可能下滑的挖方边坡。

(1)锚杆应嵌入稳固基岩内，锚固深度应根据岩体性质确定。

(2)钢筋网喷射混凝土支护厚度不应小于100mm，亦不应大于250mm。钢筋保护层厚度不应小于20mm。

(3)对软质岩石边坡或石质坚硬但稳定性较差的岩质边坡，采用在坡面上铺设200mm×200mm(或300mm×300mm)、直径6~8mm钢筋网片或土工塑料网，垂直岩层滑裂缝或坡面向坡体内打入锚杆(或锚钉)将网勾牢，向网上喷射6~12cm厚、强度不低于C20的素混凝土，锚杆(或锚钉)间距1.5~2.5m，锚杆(或锚钉)直径ϕ20~25mm、长度1.0~4.0m。

6.3 生物防护

6.3.1 生物防护是边坡防护的一种重要形式，目前用于公路边坡工程中的生物防护主要是指植物护坡。结合内蒙古地区的气候特点可选用的植物防护方法包括：普通喷播法、客土喷播法、挂网喷播法、植生袋法、土工格室网法、棕网固沙植草法、植物沙障防护法以及化学生物固沙防护法。

6.3.2 草种的选择。选用草种应根据防护目的、气候、土质、施工季节等确定，宜采用易成活、生长快、根系发达、叶茎矮或有匍匐茎的多年生草种。

(1)种子的配合、播种量的设计应根据选用植物的生长特点、防护地点及施工方法确定。

(2)铺草皮适用于需要快速绿化的边坡,且坡率缓于1:1的土质边坡和严重风化的软质岩石边坡。草皮应选择根系发达、茎矮叶茂耐旱草种,不宜采用喜水草种,严禁采用生长在泥沼地的草皮。

(3)植树适用于坡率缓于1:1.5的边坡或在边坡以外的河岸及漫滩外。树种应选用能迅速生长且根深枝密的低矮灌木类。公路弯道内侧边坡严禁栽植高大树木。

(4)在雨水充足的严寒地区,对边坡高度小于20m的纯岩质边坡也可栽植藤蔓植物攀缘护坡。

6.3.3 湿法喷播适用于土质边坡、土夹石边坡、严重风化岩石的坡率缓于1:0.5的路堑和路堤边坡及中央分隔带、立交区、服务区及弃土堆绿化防护。

6.3.4 客土喷播适用于风化岩石、土壤较少的软质岩石、养分较少的土壤、硬质土壤、植物立地条件差的高大陡坡面和受侵蚀显著的坡面。当坡率陡于1:1时,宜设置挂网或混凝土框架。客土喷播可根据土质和气候条件选择薄基材3~5cm或厚基材6~10cm。

(1)在内蒙古的严寒区(Ⅰ区)、温润季冻区(Ⅱ区)的土质边坡可用薄基材。

(2)在内蒙古的严寒区(Ⅰ区)、温润季冻区(Ⅱ区)的岩质边坡应用厚基材。

(3)严寒干旱区(Ⅲ区)内的土质边坡应用厚基材。

(4)客土喷播完应加盖无纺布,30~45d后待草苗长到一定高度时揭布。

6.3.5 三维植被网适用于砂性土、土夹石及风化岩石且坡率缓于1:0.75的边坡防护;三维植被网中的回填土采用客土或土、肥料及含腐殖质土的混合物。

6.3.6 在严寒区(Ⅰ区)和温润季冻区(Ⅱ区)可采用植生袋法的防护土质边坡。对于坡率大于1:1的较陡边坡,宜用网孔15cm×15cm的16号铁丝挂网固定植生袋。

6.3.7 土工格室网法,利用15~20cm高的土工格室网铺设在坡面上,每隔25cm用锚钉固定,锚固深度不小于15cm,锚固钢钉规格ϕ8mm,网格内采用塑性指数大于12的黏性土或利于植物生长的土壤,并在坡面上种植适合当地生长的草灌木。

6.3.8 干旱地区适用的植物护坡方法:

(1)棕网固沙植草法。

(2)植物沙障防护法。

(3)化学生物固沙防护法(CBFS)。

6.4 综合防护

6.4.1 综合防护法是指将工程防护与生物防护结合使用的边坡防护技术。常用形式有：

(1)锚杆(锚索或土钉)钢筋混凝土框架梁，框架内直接喷播草灌或置放三维网、植生袋、土工格室后播撒草灌。

(2)边坡最下级坡脚处设置不超过2m高的矮挡土墙支挡，其上坡面布设3~4m间距的圬工框架，圬工框架内直接喷播草灌或置放三维网、植生袋、土工格室后播撒草灌。

(3)在沙漠地区，路堑边坡最下级坡脚处设置挡土墙支挡，在其上裸坡采用植物沙障防护。

6.4.2 浆砌片石或水泥混凝土骨架植草护坡：

(1)适用于缓于1∶0.75的土质边坡和全风化的岩石边坡。当坡面受雨水冲刷严重或潮湿时，坡度应缓于1∶1。

(2)应视边坡坡率、土质和当地情况确定骨架形式，并与周围景观相协调。框架内应采用植物或其他辅助防护措施。

(3)在降雨量较大且集中的地区，骨架宜做成截水沟型。截水沟断面尺寸由降雨强度计算确定。

6.4.3 多边形水泥混凝土空心块植物护坡：

(1)适用于坡度缓于1∶0.75的土质边坡和全风化、强风化的岩石路堑边坡，并视需要设置浆砌片石或混凝土骨架。

(2)多边形空心预制块的混凝土强度不应低于C20，厚度不应小于150mm。空心预制块内应填充种植土，喷播植草。

6.4.4 锚杆混凝土框架植物防护：

(1)适用于土质边坡和坡体中无不良结构面、风化破碎的岩石路堑边坡。

(2)锚杆采用非预应力全长黏结型锚杆，锚杆间距、长度应根据边坡地质情况而定，锚杆保护层厚度不应小于20mm。

(3)框架应采用钢筋混凝土，混凝土强度不应低于C25，框架几何尺寸应根据边坡高度和地层情况等确定，框架内宜植草。

6.5 封面与捶面防护

6.5.1 封面：

(1)封面适用于坡面较干燥、未经严重风化的各种易风化岩石边坡，但不适用于由煤系岩层及成岩作用很差的红色黏土岩组成的边坡。抹面防护使用年限为8~10年，高速公路路堑边坡不宜采用抹面防护。

(2)抹封面厚度不宜小于30mm，表层可涂软化点稍高于当地气温的沥青保护层。

6.5.2 捶面:

(1)捶面适用于边坡坡率缓于1:0.5、易受冲刷的土质边坡或易风化剥落的岩石边坡。其使用年限为10~15年,高速公路路堑边坡不宜采用捶面防护。

(2)捶面宜采用等厚截面,其厚不宜小于100mm。

附录 A　岩质边坡的岩体分类(规范性附录)

附表 A-1　岩质边坡的岩体分类

<table>
<tr><th>判定条件
边坡岩体类型</th><th>岩体完整程度</th><th>结构面结合程度</th><th>结 构 面 产 状</th><th>直立边坡自稳能力</th></tr>
<tr><td>Ⅰ</td><td>完整</td><td>结构面结合良好或一般</td><td>外倾结构面或外倾不同结构面的组合线倾角 >75°或 <35°</td><td>30m 高边坡长期稳定,偶有掉块</td></tr>
<tr><td rowspan="3">Ⅱ</td><td>完整</td><td>结构面结合良好或一般</td><td>外倾结构面或外倾不同结构面的组合线倾角 35° ~75°</td><td rowspan="2">15m 高的边坡稳定,15m ~30m 高的边坡欠稳定</td></tr>
<tr><td>完整</td><td>结构面结合差</td><td>外倾结构面或外倾不同结构面的组合线倾角 >75°或 <35°</td></tr>
<tr><td>较完整</td><td>结构面结合良好或一般或差</td><td>外倾结构面或外倾不同结构面的组合线倾角 <35°,有内倾结构面</td><td>边坡出现局部塌落</td></tr>
<tr><td rowspan="4">Ⅲ</td><td>完整</td><td>结构面结合差</td><td>外倾结构面或外倾不同结构面的组合线倾角 35° ~75°</td><td rowspan="4">8m 高的边坡稳定,15m 高的边坡欠稳定</td></tr>
<tr><td>较完整</td><td>结构面结合良好或一般</td><td>外倾结构面或外倾不同结构面的组合线倾角 35° ~75°</td></tr>
<tr><td>较完整</td><td>结构面结合差</td><td>外倾结构面或外倾不同结构面的组合线倾角 >75°或 <35°</td></tr>
<tr><td>较完整(碎裂镶嵌)</td><td>结构面结合良好或一般</td><td>结构面无明显规律</td></tr>
<tr><td rowspan="2">Ⅳ</td><td>较完整</td><td>结构面结合差或很差</td><td>外倾结构面以层面为主,倾角多为 35° ~75°</td><td rowspan="2">8m 高的边坡不稳定</td></tr>
<tr><td>不完整(散体、碎裂)</td><td>碎块间结合很差</td><td></td></tr>
</table>

注:1. 边坡岩体分类中未含由软弱结构面控制的边坡和倾倒崩塌型破坏的边坡;

2. Ⅰ类岩体为软岩、较软岩时,应降为Ⅱ类岩体;

3. 当地下水发育时,Ⅱ、Ⅲ类岩体可视具体情况降低一档;

4. 强风化岩和极软岩可划为Ⅳ类岩体;

5. 表中外倾结构面系指倾向与坡向的夹角小于 30°的结构面;

6. 岩体完整程度按附表 A-2 确定。

附表 A-2 岩体完整程度划分

岩体完整程度	结构面发育程度	结构类型	完整性系数 K_v
完整	结构面 1~2 组,以构造节理或层面为主,密闭型	巨块状整体结构	>0.75
较完整	结构面 2~3 组,以构造节理或层面为主,裂隙多呈密闭型,部分为微张型,少有充填物	块状结构、层状结构、镶嵌碎裂结构	0.35~0.75
不完整	结构面大于 3 组,在断层附近受构造作用影响较大,裂隙以张开型为主,多有充填物,厚度较大	碎裂块状结构、碎裂结构、散体结构	<0.35

注:1. 完整性系数 $K_v=\left(\frac{v_R}{v_P}\right)^2$,$v_R$ 为弹性纵波在岩体中的传播速度,v_P 为弹性纵波在岩块中的传播速度;

2. 镶嵌碎裂结构为碎裂结构中碎块较大且相互咬合、稳定性相对较好的一种结构。

附录 B　内蒙古自治区边坡区域划分(规范性附录)

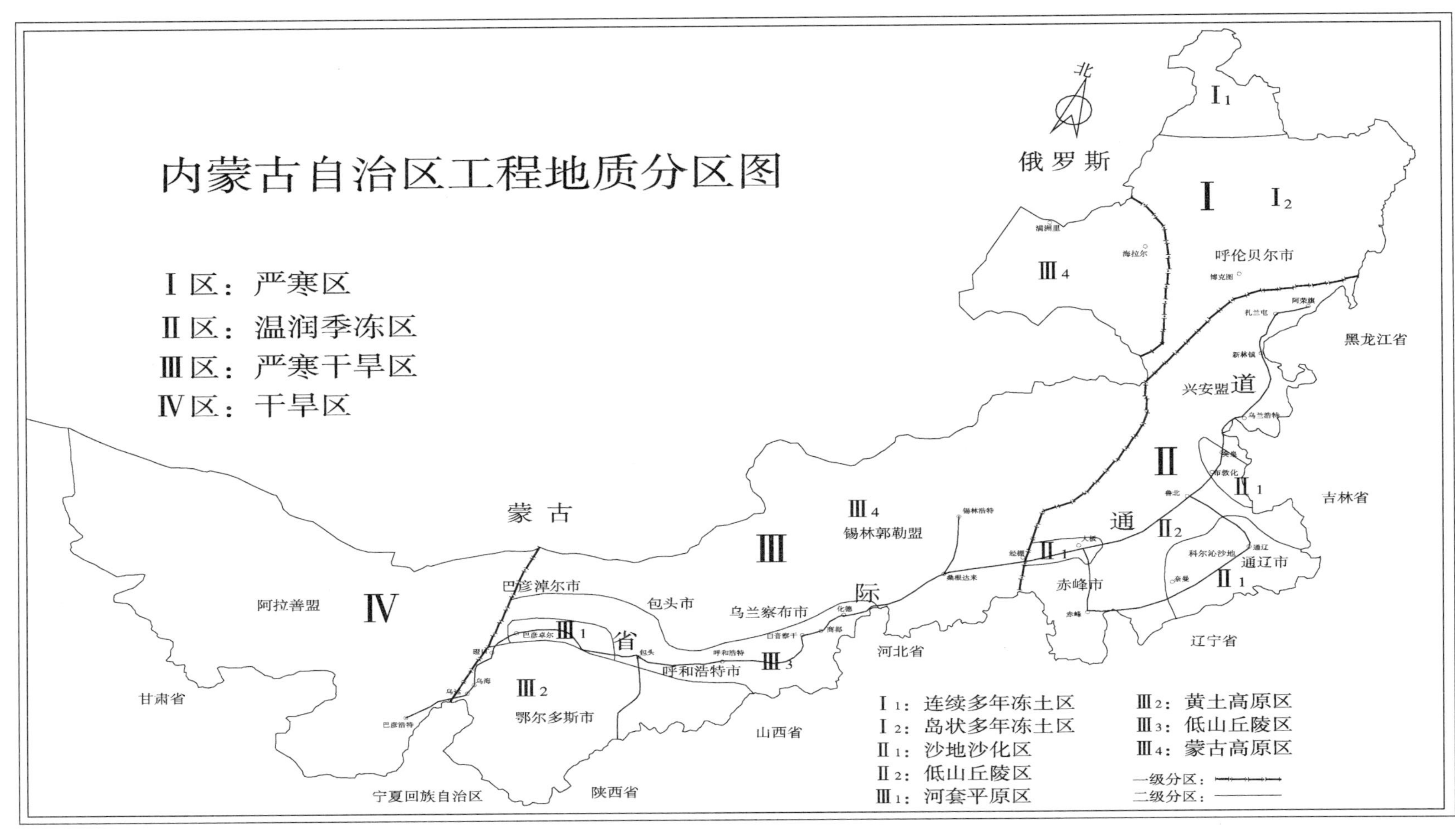

附图 B　内蒙古自治区边坡分区图

附表 B 内蒙古自治区边坡分区特征表

一级分区编号	二级分区编号	范　围	地貌及气候特征	地质岩性特征	边坡破坏形式
Ⅰ 严寒区	$Ⅰ_1$ 连续多年冻土区	呼伦贝尔市北端	以湿润丘陵、重丘、低山和中山为主	以棕黏性土、砂性土、粗粒岩为主	冻融、冻胀破坏
	$Ⅰ_2$ 岛状多年冻土区	呼伦贝尔市大部	大兴安岭山地纵贯全境中部，是构成全盟地块的主体，以湿润重丘、低山和中山为主。冬季寒冷漫长，昼夜温差大，无霜期短，降水量不多，降水期多集中在 7～8 月	土质以黏性土和砂性土为主，岩性以花岗岩和凝灰岩为主	冻融、冻胀破坏
Ⅱ 温润季冻区	$Ⅱ_1$ 沙地沙化区	突泉至布敦化段，通辽市科尔沁沙地、经棚至大板段	突泉至布敦化段位于科尔沁右翼中旗，处于横穿大兴安岭的霍林河谷地带，科尔沁沙地位于通辽市南部	突泉至布敦化段为山谷风口汇集区域，是沙丘发育区	沙埋破坏
	$Ⅱ_2$ 低山丘陵区	兴安盟东南端、通辽市大部、赤峰市大部	地处大兴安岭中段，属中低山丘陵区。山地面积约占全盟总面积的 90%，平原为嫩江西岸平原，约占总面积的 10%。处于温带大陆性季风气候区，立体气候特征明显，四季分明，地区差异显著	沿线出露地层以第四季及侏罗系地层为主，岩性以安山质凝灰岩、凝灰岩为主，侵入岩以燕山期花岗斑岩为主，基岩局部风化较强烈，裂隙发育，岩石破碎。土质以黏性土、粉质砂、碎石土及河流侵蚀堆积砂砾为主	冻融、冻胀破坏，崩塌，雨水冲刷破坏
Ⅲ 严寒干旱区	$Ⅲ_2$ 黄土高原区	鄂尔多斯市、呼和浩特市南部	鄂尔多斯市西部为波状高原区，属典型的荒漠草原，干旱少雨；东部为丘陵沟壑水土流失区和砂岩裸露区，南部鄂托克前旗地处毛乌素沙漠腹地	属半干旱大陆性气候，沙丘纵横，土质多为黄绵土、灰钙土、风沙土、草甸土等	雨水冲刷破坏，滑坡
	$Ⅲ_3$ 低山丘陵区	呼和浩特大青山山区、乌兰察布市山区	地形以波状丘陵为主，属中温带大陆性季风气候，气候变化明显	岩性大部分为第三系砂岩、花岗岩、沙砾岩和泥岩等，个别地方有玄武岩出露；土质大部分为黏土质砂和粉土质砂，个别地段有碎石土	冻融、冻胀破坏，滑坡
	$Ⅲ_4$ 蒙古高原区	巴彦淖尔市北部、包头市北部、乌兰察布市北部、锡林郭勒盟、呼伦贝尔市西端	阴山山脉横亘包头市中部，形成北部丘陵高原、中部山岳两个地貌单元；其余大部以高平原为主体，兼有多种地貌单元。属中温带半干旱、干旱大陆性季风气候，浑善达克沙地位于锡林郭勒盟中部，属半固定沙漠	土质主要为第四系松散堆积的粉土质砂、残坡积层、风成砂，石质以第三系砖红色泥岩为主，低山丘陵区为侏罗系火山岩凝灰岩、流纹岩及花岗斑岩的侵入体	冻融、冻胀破坏，滑坡，沙埋，雨水冲刷破坏
Ⅳ 干旱区	沙漠荒漠区	阿拉善盟、巴彦淖尔市西端	阴山余脉、贺兰山与大片沙漠、起伏滩地、剥蚀残丘相间分布	岩性以第三系砂岩、花岗岩、砂砾岩和泥岩为主，土质受地貌及气候条件影响，具有明显的地带性分布特征，大部分为砂砾土和粉土质砾石	风蚀破坏，沙埋，雨水冲刷破坏，剥落

附录 C 监测内容与项目(资料性附录)

附表 C-1 路堑边坡或滑坡监测

监测内容		监测方法	监测目的
地表监测	水平位移监测	全站仪、光电测距仪	观测地表位移、变形发展情况
	垂直变形监测	水准仪	
	裂缝监测	标桩、直尺或裂缝计	观测裂缝发展情况
地下位移监测		测斜仪	探测相对于稳定地层的地下岩体位移,证实和确定正在发生位移的构造特征,确定潜在滑动面深度,判断主滑方向,定量分析评价边(滑)坡的稳定状况,评判边(滑)坡加固工程效果
地下水位监测		人工测量	观测地下水位变化与降雨关系,评判边坡排水措施的有效性
支挡结构变形、应力		测斜仪、分层沉降仪、压力盒、钢筋应力计	支挡构造物岩土体的变形观测,支挡构造物与岩土体间接触压力观测

附表 C-2 高路堤稳定和沉降观测

观测项目	仪具名称	观测目的
地表水平位移量及隆起量	地表水平位移桩(边桩)	用于稳定监控,确保路堤施工安全和稳定
地下土体分层水平位移量	地下水平位移计(测斜管)	用于稳定监控与研究,掌握分层位移量,确定土体剪切破坏位置,必要时采用
路堤顶沉降量	地表型沉降计(沉降板或桩)	用于工后沉降监控,预测工后沉降趋势,确定路面施工时间

附表 C-3 预应力锚固工程原位监测内容和项目

预应力锚杆工作阶段	监测内容		监测项目
施工阶段	锚杆体	锚杆的工作状态 锚杆的施工质量	锚杆张拉力, 锚杆伸长值, 预应力损失
	锚固对象	加固效果	被锚固体的位移和变形
工程运营阶段	锚杆体	锚杆的工作状态	预应力值变化
	锚固对象	锚固工程安全状况	被锚固体的位移与地下水状态

附录 D　本标准用词说明(规范性附录)

D.1.1.1　为便于在执行本标准条文时区别对待，对要求严格程度不同的用词说明如下：

(1)表示很严格，非这样做不可的：

正面词采用“必须”，反面词采用“严禁”。

(2)表示严格，在正常情况下均应这样做的：

正面词采用“应”，反面词采用“不应”或“不得”。

(3)表示允许稍有选择，在条件许可时首先应这样做的：

正面词采用“宜”或“可”，反面词采用“不宜”。

D.1.1.2　条文中指定应按其他有关标准、规范执行时，写法为：“应符合……的规定”或“应按……执行”。